BEI GRIN MACHT SICH
WISSEN BEZAHLT

- Wir veröffentlichen Ihre Hausarbeit,
  Bachelor- und Masterarbeit

- Ihr eigenes eBook und Buch -
  weltweit in allen wichtigen Shops

- Verdienen Sie an jedem Verkauf

Jetzt bei www.GRIN.com hochladen
und kostenlos publizieren

Wertorientierte Kennzahlen im Konzernabschluss. Eine kritische Betrachtung des Informationsgehalts

Am Beispiel der Volkswagen Aktiengesellschaft und der Mercedes-Benz Group

Jule Prescher

Bibliografische Information der Deutschen Nationalbibliothek:

Die Deutsche Nationalbibliothek verzeichnet diese Publikation in der Deutschen Nationalbibliografie; detaillierte bibliografische Daten sind im Internet über http://dnb.d-nb.de abrufbar.

ISBN: 9783346656513
Dieses Buch ist auch als E-Book erhältlich.

Druck und Bindung: Books on Demand GmbH, Norderstedt Germany
Gedruckt auf säurefreiem Papier aus verantwortungsvollen Quellen

Das vorliegende Werk wurde sorgfältig erarbeitet. Dennoch übernehmen Autoren und Verlag für die Richtigkeit von Angaben, Hinweisen, Links und Ratschlägen sowie eventuelle Druckfehler keine Haftung.

Das Buch bei GRIN: https://www.grin.com/document/1234549

FOM Fachhochschule für Oekonomie & Management

Standort Köln

Berufsbegleitender Studiengang zum Bachelor of Arts (B.A.)

International Management

5. Semester (WS 2021/22)

Scientific Essay im Modul International Finance & Accounting

Wertorientierte Kennzahlen im Konzernabschluss – eine kritische Betrachtung des Informationsgehalts

Autor: Jule Prescher

Abgabedatum: 07.02.2022

Inhaltsverzeichnis

Tabellenverzeichnis

Abkürzungsverzeichnis

Aufl.	Auflage
bzw.	beziehungsweise
EK	Eigenkapital
et al.	et alii
EVA	Economic Value Added
FCF	Free Cash Flow
F	folgend
ff	fortfolgende
FK	Fremdkapital
ICF	Investitions Cash Flow
Mercedes	Mercedes-Benz Group Aktiengesellschaft
NI	Net Income
NOPAT	Net Operating Profit after Taxes
Nr.	Nummer
OCF	Operatives Cash Flow
o. J.	ohne Jahr
o. O.	ohne Ort
o. S.	ohne Seite
S.	Seite
ROIC	Return on Invested Capital
UE	Umsatzerlöse
vgl.	vergleiche
VW	Volkswagen Aktiengesellschaft
WACC	Weighted Average Cost of Capital

V

Formelverzeichnis

VI

Anhangverzeichnis

1 Einleitung

In der fortschreitenden und immer komplexer werdenden Wirtschaft sind die Handlungs-spielräume immer größer, was mehr Chancen und Risiken einher bringt. Um erfolgreich unternehmerische Entscheidungen umzusetzen, bedarf es eine Aufbereitung der Informationen und Werte in Kennzahlen. Dies ist essenziell für Manager und Investoren. Kennzahlen und Kennzahlsysteme stellen nicht austauschbare Entscheidungshilfen dar. Interne Planung, Steuerung und Kontrolle der Auswirkungen werden durch das Controlling geleitet.[1]

Kennzahlen lassen sich in traditionelle Kennzahlen und wertorientierte Kennzahlen unterscheiden. Traditionelle Kennzahlen bereiten die Werte aus dem Jahresabschluss auf, um Feststellungen und Trends besser darzustellen. Wertorientierte Kennzahlen geben Auskunft darüber, ob in einer Periode Wert geschaffen oder vernichtet wurde. Das Ziel der wertorientierten Kennzahlen ist es die Schwächen der Aussagekraft zu mindern, sowie ergänzende Angaben über die aktuelle und zukünftige Lage eines Unternehmens tätigen zu können.[2]

1.1 Problemstellung

In der Wirtschaft werden oft Fehlentscheidungen getroffen, die auf wenig Erfahrung und falsche Analysen basieren. Der Umgang mit Kennzahlen kann durch die falsche Nutzung und Anwendung fehlinterpretiert werden. Im weiteren Verlauf kann dies zu falschen Prognosen und Fehlinvestitionen führen. Dies kann passieren, indem falsche Werte für die Berechnung angesetzt werden, Gründe nicht richtig hinterfragt werden oder im falschen Rahmen betrachtet werden.[3]

1.2 Zielsetzung

Diese Arbeit setzt sich zum Ziel den Informationsgehalt von Kennzahlen kritisch zu be-trachten. Zusätzlich soll erörtert werden, wie Schwachpunkte erkannt werden können und eine realistische Unternehmensbetrachtung möglich ist.

---

[1] Vgl. *Camphausen, B.,* Strategisches Management, 2007, S. 166.
[2] Vgl. *Weber, J.* et al., Unternehmenssteuerung, 2017, S. 31f.
[3] Vgl. *Heesen, B.* et al., Bilanzanalyse, 2018 S. 123ff.

1.3 Gang der Arbeit

Die theoretische Grundlage definiert zunächst die Bedeutung von Kennzahlen. Es wird unterschieden in einfache und wertorientierte Kennzahlen. Dabei wird auf die Bedeutung und Berechnung der verschiedenen Kennzahlen eingegangen.

Anhand eines praktischen Beispiels zweier Konzerne aus derselben Branche wird analysiert, was für eine Bedeutung die Kennzahlen haben in einer fünf Jahres Betrachtung. Dabei werden Trends der Unternehmen über die Jahre festgestellt, die Konzerne gegenübergestellt, sowie ein Branchenvergleich durchgeführt.

In einem Fazit wird die Verwendung der Kennzahlen kritisch betrachtet. Der Informationsgehalt wird aus Sicht eines Konzerns, sowie eines Anlegers betrachtet.

2 Theoretische Grundlage: Kennzahlen

Eine Kennzahl ist ein Wert, der aus dem Verhältnis einer Messgröße, die im Nenner steht, und einer Bezugsgröße, die im Zähler steht.[4] Diese Arbeit beschränkt sich auf Finanzkennzahlen, welche sich zusammensetzen aus „mindestens zwei betriebswirtschaftliche[n] Größen in ein sinnvolles Verhältnis. Sie dienen dazu, ein Unternehmen wirtschaftlich zu analysieren und mehrere Unternehmen zu vergleichen."[5]

2.1 Traditionelle Kennzahlen

2.1.1 Kurs-Gewinn-Verhältnis

Das Kurs-Gewinn-Verhältnis (KGV) ist eine häufig genutzte Kennzahl in der Aktienanalyse. Die Daten basieren auf der Gewinn- und Verlustrechnung und ist somit eine Jahresabschlussorientierte Kennzahl.[6] Die Kennzahl ist die Relation zwischen dem Aktienkurs und dem Jahresgewinn pro Aktie. Das bedeutet, das KGV zeigt die Anzahl der Jahre an, welche eine Aktie braucht, um den aktuellen Börsenwert zu erwirtschaften. Je kleiner das KGV, desto günstiger ist eine Aktie zu dem jeweiligen Zeitpunkt zu bewerten.[7]

---

[4] Vgl. *Kühnapfel, J.,* Nutzwertanalysen, 2014, S. 2.
[5] *Schuster, T.* et al., Finanzberichte, 2015, S. 70.
[6] Vgl. *Weber, J.* et al., Unternehmenssteuerung, 2017, S. 208.
[7] Vgl. *Hagl, W.,* Aktien, 2018, S. 11.

Formel 1: KGV

$$KGV = \frac{Aktienkurs}{Gewinn\ pro\ Aktie} * 100. \tag{1}$$

Quelle: In Anlehnung an Vgl. *Hagl, W.,* Aktien, 2018, S. 11

Das KGV erweist keine Prognosesicherheit, da die Gewinnerwartungen nur auf Vermutungen basieren, die mithilfe vergangener Jahre festgestellt werden. Demnach weichen die KGVs verschiedener Analysten voneinander ab. Außerdem sind Aktien mit einem niedrigen KGV und einer prozentual hohen Dividendenrendite nicht zwangsläufig als günstig zu betrachten, denn dies kann ebenfalls eine Auswirkung durch einen starken Fall des Kurses sein.[8]

In der Betrachtung sollte ein Vergleich mit dem Markt-KGV durchgeführt werden, sowie weitere Kennzahlen sollten herangezogen werden für eine ganzheitliche Einschätzung. Vielmehr kann das KGV Investitionsentscheidungen in der gesamten Betrachtung vieler Kennzahlen als unterstützend fungieren.[9]

2.1.2 Umsatzwachstum

Das Umsatzwachstum misst die relative Veränderung des Umsatzes eines Unternehmens in einer Periode. Die Kennzahl sagt aus, um welchen Faktor der Umsatz steigt. Die Kennzahl kann verwendet werden, um Trends über mehrere Jahre festzustellen, als auch einen Branchen- oder Unternehmensvergleich vorzunehmen.[10]

Formel 2: Umsatzwachstum

$$Umsatzwachstum = \frac{UE\ t0}{UE\ t1} * 100. \tag{2}$$

Quelle: *Zell, M.,* Kosten, 2008, S. 141.

Bei der alleinigen Betrachtung lässt sich feststellen, dass sie nicht aussagekräftig ist. Das Umsatzwachstum ist auf den Umsatz reduziert und gibt keine Auskunft über den Gewinn des Unternehmens. Das heißt, dass ein außerordentliches Umsatzwachstum vorliegen

---

[8] Vgl. *Hagl, W.,* Aktien, 2018, S. 11.
[9] Vgl. *Ingerl, C.,* KGV, 2019, S. 11.
[10] Vgl. *Zell, M.,* Management, 2008 S. 140f.

- 4 -

kann, jedoch das Betriebsergebnis negativ sein kann, denn es werden keine Kosten berücksichtigt.[11]

2.1.3 Umsatzrentabilität

Die Umsatzrentabilität ist das relative Verhältnis von dem Gewinn, bzw. des Net Income (NI), und der Umsatzerlöse (UE). Die Kennzahl gibt an, wie viel Gewinn pro Umsatz erwirtschaftet wird. Das Ergebnis misst die Effizienz des Unternehmens in der Periode.[12]

Formel 3: Umsatzrentabilität

$$\text{Umsatzrentabilität} = \frac{NI}{UE} * 100. \tag{3}$$

Quelle: *Wacker, M.*, Rechnungswesen, 2019, S. 174

Maßnahmen, um die Umsatzrentabilität zu erhöhen sind Verbesserungen der Preispolitik oder Kosteneinsparungen. Eine positive Umsatzrentabilität kann nicht den zukünftigen Erfolg eines Unternehmens sichern, da nicht berücksichtigt wird, wie sich das Unternehmenswachstum verhält und wie gefragt die Produkte sein werden.[13]

2.1.4 Eigenkapital-Rentabilität

Die Eigenkapital-Rentabilität berechnet die Verzinsung des eingesetzten Eigenkapitals (EK). Daher erweist sich diese Kennzahl als wichtig für Investoren. Da diese Kapitalform mit dem höchsten Risiko behaftet ist, ist EK am teuersten für die Unternehmen. Die Renditeforderung der Eigenkapitalgeber steht in Abhängigkeit des verbundenen Risikos.[14]

Formel 4: EK-Rentabilität

$$\text{EK-Rentabilität} = \frac{NI}{EK} * 100. \tag{4}$$

Quelle: *Wacker, M.*, Rechnungswesen, 2019, S. 173

---

[11] Vgl. *Palli, M.*, Unternehmensführung, 2004, S. 105.
[12] Vgl. *Heesen, B.* et al., Bilanzanalyse, 2018, S. 199ff.
[13] Vgl. *Reichmann, T.* et al., Controlling, 2017, S. 82.
[14] Vgl. *Wacker, M.*, Rechnungswesen, 2019, S. 173.

Die isolierte Betrachtung ist kritisch zu betrachten, da das Fremdkapital (FK) des Unternehmens außer Acht gelassen wird. Es kann eine hohe Eigenkapital-Rentabilität durch eine geringe Eigenkapitalquote vorliegen. Das schließt keine hohe Verschuldung des Unternehmens aus und ein hohes Risiko liegt vor, welches nicht aus der Kennzahl erkennbar ist.[15]

2.2 Wertorientierte Kennzahlen

2.2.1 Free Cash Flow

Der Free Cash Flow (FCF) ergibt sich aus dem Operativen Cash Flow (OCF) und dem Investitions Cash Flow (ICF). Der FCF umfasst alle liquiden Mittel, die einem Unternehmen zur Verfügung stehen, um Dividenden auszuschütten oder Schulden zu tilgen. Er stellt die Differenz von Einzahlung und Auszahlung dar. Ein negativer FCF weist auf einen Geldverlust in der Periode hin. Die Kennzahl lässt sich mithilfe der Kapitalflussrechnung berechnen.[16]

Der OCF ermittelt, in welcher Höhe liquide Mittel aus der laufenden Geschäftstätigkeit in einer Periode erwirtschaftet werden. Der ICF summiert alle Investitionen, die in einer Periode getätigt wurden. Diese mindern den Geldstrom, der zur freien Verfügung steht.[17]

Formel 5: Free Cash Flow

$$FCF = OCF + (- ICF). \tag{5}$$

Quelle: *Althoff, F.* et al., Formeln, 2013, S. 67

Diese Kennzahl übersteigt den Informationsgehalt der traditionellen Kennzahlen, jedoch sind die nachfolgenden Kennzahlen aussagekräftiger in der Wertorientierung. Positiv ist, dass der FCF nur gering manipuliert werden kann. Die Kennzahl gibt aus, welche Finanzierungskapazität ein Unternehmen hat. Die Höhe und Entwicklung schließen sich zusammen als Indikator der Kreditwürdigkeit und der Expansionsfähigkeit.[18]

---

[15] Vgl. *Heesen, B.* et al., Bilanzanalyse, 2018, S. 210.
[16] Vgl. *Althoff, F.* et al., Formeln, 2013, S. 67f., *Palli, M.,* Unternehmensführung, 2004, S. 98.
[17] Vgl. *Wagenhofer, A.,* Bilanzierung, 2010, S. 183ff.
[18] Vgl. *Althoff, F.* et al., Formeln, 2013, S. 67f.

2.2.2 Return on Invested Capital

Der Return on Invested Capital (ROIC), auf Deutsch Gesamtkapitalrendite, ist eine ge-winnbasierte Kennzahl, die Aufschluss über die Rentabilität einer Reinvestition gibt.[19]

Formel 6: ROIC

$$\text{ROIC} = \frac{\text{Nopat}}{\text{Invested Capital}} * 100 \tag{6}$$

$$\text{NOPAT} = \text{EBIT} * (1 - \text{tax shield}) \tag{6a}$$

$$\text{Investierted Capital} = \text{Bilanzsumme} - \text{NIBL's.} \tag{6b}$$

Quelle: Vgl. *Kreyer, F.,* Strategieorientiert, 2010, S. 47

Der ROIC gilt als Indikator zur Einschätzung der Wettbewerbersituation. Der Investor kann mit dieser Kennzahl ein Unternehmen bewerten, indem ein Branchenvergleich durchgeführt wird. Es kann festgemacht werden, wie die Qualität der unternehmerischen Entscheidungen für eine Investition war. In der Regel wird ein ROIC der über 2% des WACC liegt als positiv bewertet.[20]

Kritisch zu betrachten ist der ROIC aus Unternehmersicht, da die Gewinnherkunft unklar ist. Daher dient er nicht als Maßstab für verschiedene Segmente eines Konzerns. Des Weiteren gibt der ROIC keine Auskunft über die Ertragskraft eines Unternehmens. Durch Sachschäden oder Finanzinvestitionsverluste kann das Betriebsergebnis trotz positiven ROICs negativ sein.[21]

2.2.3 Weighted Average Cost of Capital

Die Weighted Average Cost of Capital (WACC) ermittelt die durchschnittlichen Gesamt-kapitalkosten. Die Kennzahl legt das arithmetische Mittel der Verzinsungsansprüche von Eigenkapital- und Fremdkapitalgeber in Prozent dar.[22]

---

[19] Vgl. *Trombetta, B.,* ROIC, 2018, S. 22.
[20] Vgl. *Kreyer, F.,* Strategieorientiert, 2010, S. 47ff.
[21] Vgl. *Trombetta, B.,* ROIC, 2018, S. 25.
[22] Vgl. *Weber, J.* et al., Unternehmenssteuerung, 2017, S. 38ff.

Formel 7: WACC

$$WACC = \frac{EK}{GK} * rEK + \frac{FK}{GK} * rFK * (1 - \text{tax shield}). \quad (7)$$

Quelle: In Anlehnung an *Weber, J.* et al., Unternehmenssteuerung, 2017, S. 39

Die Kosten für das EK sind die Renditeansprüche der Eigenkapitalgeber. EK ist mit einem höheren Risiko behaftet, da es keine Sicherheit für den Eigenkapitalgeber gibt. Dementsprechend ist die Renditeerwartung des Eigenkapitalgebers höher als die des Fremdkapitalgebers. Das bedeutet, dass EK teurer als FK ist. Als Grundlage wird das EK zu den Marktpreisen, bzw. die Marktkapitalisierung, für die Kalkulation angesetzt. Für die genaue Berechnung der Eigenkapitalkosten kann das Capital Asset Pricing Model angesetzt werden, welches die Wertsteigerung berücksichtigt. Für die Bestimmung der Fremdkapitalkosten werden entweder marktübliche Konditionen bezogen auf das Volumen genutzt oder die tatsächlich vereinbarten Konditionen genutzt.[23]

2.2.4 Economic Value Added

Anfang der 1990er Jahre wurde das Grundkonzept des Economic Added Values (EVA) von der Unternehmensberatung Stern Stewart & Co, um die finanzielle Leistung eines Unternehmens festzustellen, entwickelt.[24] Der EVA misst finanziellen Erfolg oder Misserfolg über einen bestimmten Zeitraum. Die Kennzahl ergibt sich aus dem Netto Betriebsergebnis nach Steuern, auf Englisch Net Operating Proft after Tax (NOPAT), abzüglich der Kosten für das Kapital, das zur Erzielung dieser Gewinne eingesetzt wurde. Die Opportunitätskosten des investierten Kapitals werden berechnet, indem der WACC mit der Höhe des eingesetzten Kapitals multipliziert wird.[25]

Formel 8: EVA

$$EVA = NOPAT - WACC * Capital. \quad (8)$$

Quelle: *Costin, D.,* Konzept, 2017, S. 169

[23] Vgl. *Reichmann, T.* et al., Controlling, 2017, S. 708.
[24] Vgl. *Adimando, C.* et al., Stern, 1994, S. 46.
[25] Vgl. *Stern, J.* et al., EVA, 1995, S. 33.

- 8 -

Das Konzept ist umstritten, da sowohl der NOPAT, als auch das eingesetzte Kapital manipulierbar ist. Beispielsweise verursachen Abschreibungen zu Verzerrungen des EVAs. Unterlassene Investitionen im Anlagevermögen steigern den NOPAT und senkt das Kapital, was zu einer EVA Erhöhung führt. Außerdem beziehen sich die Daten nur auf vergangene Werte und schließen zukünftige Investitionen nicht ein. Demnach ist es kein Indikator für Prognosen.[26]

3 Praktische Anwendung an Mercedes-Benz und Volkswagen

In der praktischen Anwendung werden die Kennzahlen an zwei vergleichbaren Konzernen aus derselben Branche angewendet. Es handelt sich um die Volkswagen AG (VW) und um die Mercedes-Benz Group Aktiengesellschaft (MB). Beide Unternehmen sind im DAX vertreten.[27]

VW ist ein deutscher Automobilhersteller, der im Jahre 1937 gegründet wurde.[28] Zu dem international vertretenen Konzern gehören zehn Marken, die verschiedene Verkäuferschichten abdecken. Beispielsweise gehören ŠKODA, Audi und Lamborghini dazu. Des Weiteren fallen unter den Konzern diverse Finanzdienstleistungen, wie die Händler- und Kundenfinanzierung, das Leasing und das Flottenmanagement.[29]

Die Daimler Aktiengesellschaft ist ebenfalls ein deutscher Automobilhersteller. Daimler ist im Februar 2022 zu MB umbenannt wurden, um den Fokus auf den Automobilbereich zu stärken. Die Marken sind auf Luxus-Automobile fokussiert, dazu gehören beispielsweise Mercedes-Benz, Mercedes-AMG und Mercedes-EQ.[30]

Für die Berechnung wird das bereinigte EBIT angesetzt, um einmalige Sondereffekte zu entfernen. Diese würden die Vergleichbarkeit zu anderen GJ und Unternehmen verfälschen.[31]

Anzumerken ist eine anhaltende Anspannung und Unsicherheit auf dem Markt, der durch Klimaziele und den Abgasskandal verursacht wurden. Außerdem stellt sich das Jahr 2020

[26] Vgl. *Costin, D.*, Konzept, 2017, S. 169f.
[27] Vgl. *Ariva*, DAX, 2022, o. S.
[28] Vgl. *Grieger, M.* et al., Chronik, 2017, S. 10.
[29] Vgl. *Volkswagen Aktiengesellschaft*, Konzern, 2021, o. S.
[30] Vgl. *Mercedes-Benz Group*, Daimler, 2022, o. S.
[31] Vgl. *Mercedes-Benz Group*, MB 20, 2021, S. 48.

für die internationale Wirtschaft als ein besonderes Jahr heraus, welches durch die Corona Pandemie geprägt ist.[32]

Das KGV ist in dieser Branche überdurchschnittlich gut. Ein durchschnittlicher KGV liegt zwischen 15 und 20.[33] Die Bewertung der vorliegenden Konzerne wurden im Branchenvergleich bewertet. VW ist in den meisten Jahren überdurchschnittlich gut. MB hingegen ist durchschnittlich bis gut zu bewerten, bis auf die Geschäftsjahre (GJ) 2019 und 2020, was sich durch die angespannte Marktsituation begründen lässt.[34]

Es ist positiv zu betrachten, dass VW und MB in den letzten fünf Jahren konstant Dividenden an die Eigenkapitalgeber ausgeschüttet haben. Die Bewertung ist an den Branchendurchschnitt angelehnt.[35]

Das Umsatzwachstum ist in beiden Konzernen die Jahre über ähnlich und als neutral zu bewerten, da es positiv ist, aber trotz dessen gering ausfällt. Dies kann dadurch begründet werden, dass die Konzerne bereits einen hohen Marktanteil besitzen und der Markt gesättigt ist. VW hat weltweit im Branchenvergleich den höchste und MB den dritthöchsten Umsatz.[36] In beiden Konzernen ist eine Senkung im Umsatzwachstum zu erkennen, welche sich durch die angespannte Marktsituation und die pandemiebedingten Produktionseinschränkungen. Den Umständen entsprechend wird ein positives Umsatzwachstum als gut bewertet.

Die Anzahl der produzierten Personenkraftwagen weltweit hat 2019 seinen Höhepunkt erreicht, was ebenfalls für VW und MB gilt. Trotzdem hat MB auch in diesen Jahren seinen relativen Anteil an den produzierten Fahrzeugen erhöht. Das kann bedeuten, dass die Marktsituation die Käuferschicht der Luxuswagen weniger beeinflusst hat.[37]

---

[32] Vgl. *Mercedes-Benz Group*, MB 20, 2021, S. 45ff, *Volkswagen Aktiengesellschaft*, VW 20, 2021, S. 96ff.

[33] Vgl. *Ingerl, C.*, KGV, 2019, S. 11, *Hagl, W.*, Aktien, 2018, S. 11.

[34] Vgl. *Börse Online*, KPI, o. J., im Anhang Nr. 7, o. S.

[35] Vgl. *Börse Online*, KPI, o. J., im Anhang Nr. 8, o. S.

[36] Vgl. *Murphy, A.* et al., Companies, 2021, im Anhang Nr. 2, o. S.

[37] Vgl. *OICA*, Organization, 2020, im Anhang Nr. 4, o. S., *Volkswagen Aktiengesellschaft*, VW 16, 2017, im Anhang Nr. 5, S. 2, *Volkswagen Aktiengesellschaft*, VW 18, 2019, im Anhang Nr. 5, S. 2, *Volkswagen Aktiengesellschaft*, VW 20, 2021, im Anhang Nr. 5, S. 2, *Statista*, Produktion, 2021, im Anhang Nr. 5, o. S.

Eine Umsatzrentabilität von etwa 5% gilt als gut. Im Branchenvergleich ist zu erkennen, dass zum Beispiel Toyota und BMW einen geringeren Umsatz aber einen höheren Gewinn haben.[38] Daher ist die Umsatzrentabilität bei VW und MB noch verbesserungsfähig.

Die EK-Rentabilität scheint auf den ersten Blick positiv für VW und MB. Diese Kennzahl ist jedoch wie zuvor beschrieben als kritisch zu betrachten, besonders durch die geringen Eigenkapital-Quoten.

Die Bewertung des Verschuldungsgrads ist in Ordnung bis zu hoch. Jedoch können beide Konzerne im Branchenvergleich überdurchschnittlich gut abschneiden. Im direkten Vergleich hat MB einen niedrigeren Verschuldungsgrad als VW.[39]

Beide Konzerne haben in den GJ 2016 bis 2019 einen negativen FCF. MB erreicht eine außerordentliche Verbesserung, welche sich besonders durch die große Abnahme von Forderungen und Vorräten erklären lässt. Zusätzlich wurden die Investitionskosten gesenkt, was sich positiv auf den FCF auswirkt.[40] Da trotz eines negativen FCF Dividenden ausgeschüttet wurden, lässt vermuten, dass dieses eine strategische Entscheidung der Konzerne war, um die Investoren halten zu können und die Aussichten in der Branche besser werden, wenn der Markt sich von dem Abgasskandal beruhigt.

Der ROIC wird neutral bis gut bewertet, im Vergleich zur Branche, trotz der guten Stellung des EBITs.[41] Die gesamte Branche leidet unter einem niedrigen ROIC, welcher durch den Preisdruck verursacht wird. Das hat schon für einige Hersteller der Branche zur Insolvenz geführt.[42] In den GJ 2016 bis 2017 überzeugt MB mit einem besseren ROIC, jedoch ist er die folgenden Jahre vergleichsweise stärker gefallen. Dies weist darauf hin, dass die Effizienz und damit die Rentabilität des investierten Kapitals abgenommen hat. Dafür ist der ROIC bei VW konstanter über den Betrachtungszeitraum. Diese Feststellungen gibt den Konzern jedoch keine Auskunft, welche Marke besonders profitabel ist und welche Verbesserungspotential hat.

Der niedrige WACC kann in der Berechnung positiv betrachtet werden. Anzumerken ist jedoch, dass dies an der hohen FK-Quote liegt. Je höher die FK-Quote, desto höher das

---

[38] Vgl. *Murphy, A.* et al., Companies, 2021, im Anhang Nr. 1, o. S., *Murphy, A.* et al., Companies, 2021, im Anhang Nr. 2., o. S.
[39] Vgl. *CSI Market,* Verschuldungsgrad, 2021, im Anhang Nr. 6, o. S.
[40] Vgl. *Mercedes-Benz Group,* MB 20, 2021, S. 158.
[41] Vgl. *Statista,* EBIT, 2021, im Anhang Nr. 3, o. S.
[42] Vgl. *Parkin, R.* et al., Trends, 2017 S. 4.

Risiko und die FK-Kosten. Den WACC von VW und MB ist nach dieser Berechnung nicht vergleichbar, da MB in seinem Geschäftsbericht den Kapitalkostensatz nicht aufteilt nach FK- und EK-Kosten. Der Kapitalkostensatz für MB setzt sich aus durchschnittlichen Kostensätzen zusammen.

Der EVA für VW ist durchgehend negativ. Dies bedeutet, dass VW Wert vernichtet. Dies ist dadurch zu erklären, dass die Kapitalkosten über der Rendite aus der Investition liegen. Des Weiteren kann bei beiden Konzernen festgestellt werden, dass trotz eines negativen FCF ein positiver EVA sich ergeben kann und umgekehrt. Am Beispiel von MB, dessen FCF in GJ 2020 stark angestiegen ist, lässt sich unter anderem dadurch erklären, dass Forderungen abgenommen haben. Im Vorjahr waren die Forderungen noch negativ. Der negative Wert resultiert daher, dass die Forderungen im Vergleich zu dem GJ 2918 höher waren.

Der EVA ist kritisch zu betrachten, da er als absoluter Wert nicht vergleichbar ist. Eine prozentuale Berechnung würde einen Vergleich zu anderen Unternehmen ermöglichen.

Tabelle 1: Kennzahlen Volkswagen Aktiengesellschaft 2016 bis 2020

Kennzahlen	VW 2020	VW 2019	VW 2018	VW 2017	VW 2016
KGV	9,2	6,6	5,9	7,3	12,3
Dividende %	3,19%	2,76%	3,50%	2,38%	1,62%
Umsatzwachstum	0,88%	1,07%	1,03%	1,06%	1,02%
Umsatzrentabilität	3,96%	5,55%	5,15%	4,99%	2,48%
EK-Rentabilität	11,55%	15,88%	17,45%	13,74%	8,05%
EK-Quote	26%	31%	27%	36%	29%
Verschuldungsgrad	3,82	3,22	3,77	2,81	3,41
FCF (in Mio. €)	2.211 €	- 3.163 €	- 14.318 €	- 17.693 €	- 11.249 €
ROIC	0,24%	0,40%	0,35%	0,36%	0,21%
WACC	2,49%	2,78%	2,76%	2,85%	3,21%
EVA (in Mio. €)	- 9.421 €	- 9.710 €	- 9.136 €	- 8.551 €	- 9.627 €

■ gut ■ neutral ■ schlecht

Quelle: In Anlehnung an *Volkswagen Aktiengesellschaft*, VW 16, 2017, S. 205ff, *Volkswagen Aktiengesellschaft*, VW 18, 2019, S. 193ff, *Volkswagen Aktiengesellschaft*, VW 20, 2021, S. 207ff

Tabelle 2: Kennzahlen Mercedes-Benz Group 2016 bis 2020

Kennzahlen	MB 2020	MB 2019	MB 2018	MB 2017	MB 2016
KGV	17,0	22,2	6,8	7,2	8,9
Dividende %	2,34%	1,82%	7,08%	5,16%	4,60%
Umsatzwachstum	0,89%	1,03%	1,02%	1,07%	1,03%
Umsatzrentabilität	2,60%	1,57%	4,53%	6,47%	5,73%
EK-Rentabilität	6,48%	5,13%	15,44%	14,02%	11,61%
EK-Quote	34%	27%	28%	50%	52%
Verschuldungsgrad	2,96	3,72	3,54	2,00	1,94
FCF (in Mio. €)	15.911 €	- 2.719 €	- 9.578 €	- 11.170 €	- 10.955 €
ROIC	2,47%	2,89%	3,49%	4,42%	4,06%
WACC	3,34%	3,14%	3,18%	3,73%	3,77%
EVA (in Mio. €)	- 2.125 €	- 654 €	757 €	1.491 €	606 €

■ gut ■ neutral ■ schlecht

Quelle: In Anlehnung an *Mercedes-Benz Group*, MB 16, 2017, S. 218ff, *Mercedes-Benz Group*, MB 18, 2019, S. 228ff, *Mercedes-Benz Group*, MB 20, 2021, S. 155ff

4 Fazit

Das Informationsgehalt von traditionellen Kennzahlen sollten nicht isoliert betrachtet werden, da nur Teilbereiche abgedeckt werden und möglicherweise entscheidende Faktoren nicht mit einbeziehen. Sie können helfen, den Jahresabschluss aufzubereiten und anschaulicher zu machen.

Wertorientierte Kennzahlen hingegen können ergänzende Aussagen tätigen, die eindeutig darauf hinweisen, ob ein Unternehmen insgesamt Wert geschaffen und vernichtet hat in der jeweiligen Periode. Durch komplexere Berechnungen, die verschiedene Werte mit einbeziehen, können diese Kennzahlen sicherer isoliert betrachtet werden als traditionelle Kennzahlen. In dem Praxisbeispiel wird festgestellt, dass ein positiver ROIC nicht automatisch eine Steigerung des Unternehmenswertes bedeutet, da die Kapitalkosten nicht berücksichtigt sind. Trotz dessen ist der Informationsgehalt aussagekräftiger als bei der Umsatzsteigerung oder der Umsatzrentabilität.

Die Schwierigkeit bei einem Konzern ist, dass die Ursachenherkunft der Ergebnisse in vielen Kennzahlen nicht ablesbar ist. Daher müssen tiefgehende Analysen getätigt werden und ebenfalls Kennzahlen für die Tochtergesellschaften aufstellen, soweit möglich. Kennzahlen sollen einen Indikator geben, inwiefern Unternehmensplanung, -führung und -entscheidung erfolgreich war und auch in Zukunft optimiert werden soll.

Das Ziel eines Unternehmens sollte es nicht sein, sich auf eine Kennzahl zu fokussieren. Zum Beispiel, wenn der Verkaufspreis unter den Selbstkosten angesetzt wird, wird das Umsatzwachstum stark ansteigen aber die Umsatzrentabilität würde negativ werden. Um dies zu verhindern, sollte das Ziel sein eine Balance zwischen allen Werten zu erreichen, um nachhaltig den Wert zu steigern.

Als Investor ist es essenziell, die Hintergründe der Kennzahlen zu erörtern. Eine Verschlechterung der Kennzahlen kann mit zukünftigen Investitionen zusammenhängen. Demnach können Informationen aus dem Lagebericht eines Geschäftsberichts entnommen werden, wie die Prognose des Unternehmens und der gesamten Branche aussieht.

Zusammenfassend können Kennzahlen sowohl bei der Unternehmensplanung, -steuerung und -führung Aufschluss über die Lage des Unternehmens geben. Für Investoren können sie unterstützend bei Investitionsentscheidungen beistehen. Trotz dessen sind weitere Faktoren für die Entwicklung notwendig, um eine ganzheitliche Entscheidung zu treffen.

Anhang I: Größte Automobilhersteller weltweit nach Gewinn 2020 (in Mrd. US-Dollar)

Gewinn

Quelle: In Anlehnung an *Murphy, A.* et al., Companies, 2021, o. S.

Anhang II: Umsatz der Automobilhersteller weltweit 2020 (in Mrd. US-Dollar)

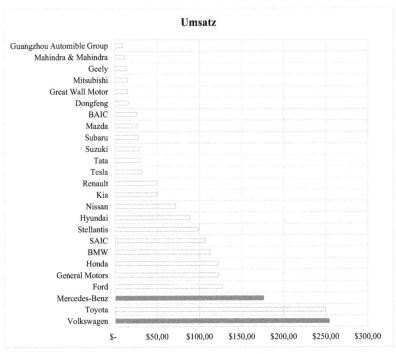

Quelle: In Anlehnung an *Murphy, A.* et al., Companies, 2021, o. S.

Anhang III: EBIT ausgewählter europäischer Automobilhersteller weltweit im Jahr 2020 (in Mrd. Euro)

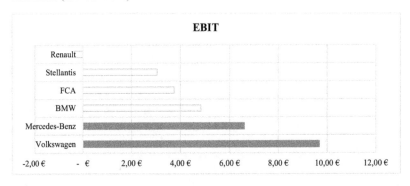

Quelle: In Anlehnung an *Statista,* EBIT, 2021, o. S.

-2- 16 -

Anhang IV: Anzahl produzierter PKWs weltweit (in 1.000 Stück)

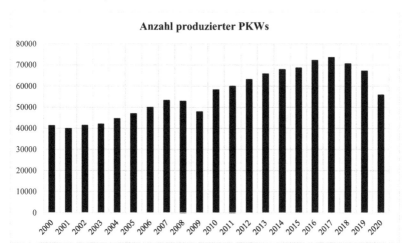

Quelle: In Anlehnung an *OICA*, Organization, 2020, o. S.

Anhang V: Anzahl der produzierten Personenkraftwagen weltweit inklusive VW
und MB (in 1.000 Stück)

Jahr	Anzahl gesamt	Mercedes-Benz	VW	Anteil MB	Anteil VW
2015	68,540	2,924	10,010	4.27%	14.60%
2016	72,105	3,041	10,391	4.22%	14.41%
2017	73,457	3,321	10,874	4.52%	14.80%
2018	70,498	3,395	11,018	4.82%	15.63%
2019	67,149	3,338	10,823	4.97%	16.12%
2020	55,834	2,795	8,900	5.01%	15.94%

Quelle: Quelle: In Anlehnung an *OICA*, Organization, 2020, o. S., *Volkswagen
Aktiengesellschaft*, VW 16, 2017, S. 2, *Volkswagen Aktiengesellschaft*, VW 18, 2019, S.
2, *Volkswagen Aktiengesellschaft*, VW 20, 2021, S. 2, *Statista*, Produktion, 2021, o. S.

Anhang VI: Verschuldungsgrad in der Automobilbranche

Verschuldungsgrad	2020	2019	2018	2017	2016
Branchenschnitt	4,41	4,36	4,71	4,83	3,23
VW	3,82	3,22	3,77	2,81	3,41
MB	2,96	3,72	3,54	2,00	1,94

Quelle: In Anlehnung an *CSI Market,* Verschuldungsgrad, 2021, o. S.

Anhang VII: KGV in der Automobilbranche

KGV	2020	2019	2018	2017	2016
VW	9,2	6,6	5,9	7,3	12,3
MB	17,0	22,2	6,8	7,2	8,9
BMW	9,6	7,3	5,8	5,7	6,9
Ford	*930,0*		8,2	6,5	10,5
Stellantis	*733,0*	3,1	5,4	6,6	7,3
Toyota	8,9	10,0	16,5	10,0	16,1
General Motors	9,6	7,9	6,0	*178,2*	5,7
Durchschnitt	10,9	9,5	7,8	7,2	9,7

Quelle: In Anlehnung an *Börse Online,* KPI, o. J., o. S.

Die in kursiv geschriebenen KGVs fließen nicht in den Durchschnitt ein, da sie das Ergebnis verfälschen.

Anhang VIII: Relative Dividendenrendite in der Automobilbranche

Dividende in %	2020	2019	2018	2017	2016
VW	3,19%	2,76%	3,50%	2,38%	1,62%
MB	2,34%	1,82%	7,08%	5,16%	4,60%
BMW	3,48%	4,58%	5,67%	5,39%	4,84%
Ford	1,69%	6,45%	7,84%	5,20%	4,95%
Stellantis	-	4,93%	-	-	-
Toyota	2,30%	2,91%	3,10%	3,19%	2,78%
General Motors	0,91%	4,15%	4,54%	3,71%	4,36%
Durchschnitt	1,99%	3,94%	4,53%	3,58%	3,31%

Quelle: In Anlehnung an *Börse Online,* KPI, o. J., o. S.

Literatur- und Quellenverzeichnis

Adimando, Carm, Butler, Robert, Malley, Susan (Stern, 1994): Stern Stewart Eva™ – Roundtable, in: Journal of Applied Corporate Finance, 7 (1994), Nr. 2, S. 46-70

Althoff, Frank, Hanrath, Stephanie, Schmidt, Martin (Formeln, 2013): Kennzahlen und Formeln für die BWL, Stuttgart: Schäfer-Poeschel, 2013

Camphausen, Bernd (Strategisches Management, 2007): Strategisches Management – Planung, Entscheidung, Controlling, 2. Aufl., München, Wien: Oldenbourg, 2007

Costin, Daraban Marius (Konzept, 2017): Economic Value Added – a General Concept Review, in: Ovidius University Annals – Economic Sciences Series, 17 (2017), Nr. 1, S. 168-173

Grieger, Manfred, Lupa, Markus (Chronik, 2017): Vom Käfer zum Weltkonzern. Die Volkswagen Chronik, Wolfsburg: Volkswagen Aktiengesellschaft, 2017

Hagl, Wolfgang (Aktien, 2018): Deutsche Aktien, in: Börse Online, (2018), Nr. 32, S. 10-15

Heesen, Bernd, Gruber, Wolfgang (Bilanzanalyse, 2018): Bilanzanalyse und Kennzahlen – fallorientierte Bilanzoptimierung, 6. Aufl., Wiesbaden, Heidelberg: Springer Gabler, 2018

Ingerl, Christian (KGV, 2019): Aktien im Sonderangebot, in: Börse Online, (2019), Nr. 44, S. 10-11

Kreyer, Felix (Strategieorientiert, 2010): Strategieorientierte Restwertbestimmung in der Unternehmensbewertung, Wiesbaden: Gabler, 2010

Kühnapfel, Jörg B. (Nutzwertanalysen, 2014): Nutzwertanalysen in Marketing und Vertrieb, Wiesbaden, Springer Gabler, 2014

Mercedes-Benz Group (MB 16, 2017): Geschäftsbericht 2016 inkl. Zusammengefasster Lagebericht Daimler AG, Stuttgart: Daimler AG, 2017

Mercedes-Benz Group (MB 18, 2019): Geschäftsbericht 2018 inkl. Zusammengefasster Lagebericht Daimler AG, Stuttgart: Daimler AG, 2019

Mercedes-Benz Group (MB 20, 2021): Geschäftsbericht 2020 inkl. Zusammengefasster Lagebericht Daimler AG, Stuttgart: Daimler AG, 2021

Palli, Mario C. (Unternehmensführung, 2004): Wertorientierte Unternehmensführung, Wiesbaden: Deurscher Universitätsverlag, 2004

Parkin, Rich, Wilk, Reid, Hirsh, Evan, Singh, Akshay (Trends, 2017): 2017 Automotive Industry Trends, o. O.: PcW, 2017

Reichmann, Thomas, Kißler, Martin, Baumöl, Ulrike, Hoffjan, Andreas, Palloks-Kahlen, Monika, Richter, Hermann J., Schön Dietmar (Controlling, 2017): Controlling mit Kennzahlen – Die systemgeschütze Controlling-Konzeption, 9. Aufl., München: Vahlen, 2017

Schuster, Thomas, Rüdt von Kollenberg, Leona (Finanzberichte, 2015): Finanzierung – Finanzberichte, -kennzahlen, -planung, Berlin, Heidelberg: Springer Gabler, 2015

Stern, Joel M., Stewart III, G. Bennett, Chew, Donald H. (EVA, 1995): The EVA® Financial Management System, in: Journal of Applied Corporate Finance, 8 (1995), Nr. 2, S. 32-46

Trombetta, Bill (ROIC, 2018): Return Performance, in: Pharmaceutic Executive, 38 (2018), Nr. 9, S. 22-30

Volkswagen Aktiengesellschaft (VW 16, 2017): Geschäftsbericht 2016, Wolfsburg: Volkswagen AG, 2017

Volkswagen Aktiengesellschaft (VW 18, 2019): Geschäftsbericht 2018, Wolfsburg: Volkswagen AG, 2019

Volkswagen Aktiengesellschaft (VW 20, 2021): Geschäftsbericht 2020, Wolfsburg: Volkswagen AG, 2021

Wacker, Marc (Rechnungswesen, 2019): Prüfungswissen Rechnungswesen für Bankkaufleute, Wiesbaden, Heidelberg: Springer Gabler, 2019

Wagenhofer, Alfred (Bilanzierung, 2010): Bilanzierung und Bilanzanalyse, Wien: Linde, 2010

Weber, Jürgen, Bramsemann, Urs, Heineke, Carsten, Hirsch, Bernhard (Unternehmenssteuerung, 2017): Wertorientierte Unternehmenssteuerung, 2. Aufl., Wiesbaden: Springer Fachmedien, 2017

Zell, Michael (Management, 2008): Kosten- und Performance Management, Wiesbaden: Gabler, 2008

Literatur- und Quellenverzeichnis (Internetquellen)

Ariva (DAX, 2022): DAX 40 Index Werte, 2022 <https://www.ariva.de/dax-40>
(04.02.2022) [Zugriff am: 05.02.2022]

Börse Online (KPI, o. J.): Dividendensuche, o. J. <https://www.boerse-
online.de/aktien> [Zugriff am: 05.02.2022]

CSI Market (Verschuldungsgrad, 2021): Auto & Truck Manufacturers Industry
Financial Strength Information, 2021
<https://csimarket.com/Industry/industry_Financial_Strength_Ratios.php?ind=404>
[Zugriff am: 06.02.2022]

Mercedes-Benz Group (Daimler, 2022): Daimler bricht als Mercedes-Benz Group in
eine neue Ära auf, 2022 <https://group.mercedes-
benz.com/unternehmen/news/daimler-wird-mercedes-benz-group.html>
(01.02.2022) [Zugriff am: 05.02.2022]

Murphy, Andrea, Haverstock, Eliza, Gara, Antoine, Helman, Chris, Vardi, Nathan
(Companies, 2021): GLOBAL 2000 – How The World's Biggest Public
Companies Endured The Pandemic, 2021
<https://www.forbes.com/lists/global2000/#2d4f5d8f5ac0> (13.05.2021) [Zugriff
am: 05.02.2022]

OICA (Organization, 2020): International Organization of Motor Vehicle
Manufacturers, 2020 <https://www.oica.net/category/production-statistics/2020-
statistics/> [Zugriff am: 05.02.2022]

Statista (Produktion, 2021): Anzahl produzierter Fahrzeuge von Daimler nach
Geschäftsbereichen von 2015 bis 2020, 2021
<https://de.statista.com/statistik/daten/studie/452251/umfrage/autoproduktion-
von-daimler/> (02.2021) [Zugriff am: 06.02.2022]

Statista (EBIT, 2021): EBIT ausgewählter europäischer Automobilhersteller weltweit
im Jahr 2020, 2021
<https://de.statista.com/statistik/daten/studie/1021397/umfrage/ebit-
europaeischer-automobilhersteller-weltweit/> (03.2021) [Zugriff am: 05.02.2022]

BEI GRIN MACHT SICH IHR WISSEN BEZAHLT

- Wir veröffentlichen Ihre Hausarbeit,
  Bachelor- und Masterarbeit

- Ihr eigenes eBook und Buch -
  weltweit in allen wichtigen Shops

- Verdienen Sie an jedem Verkauf

Jetzt bei www.GRIN.com hochladen und kostenlos publizieren

Lightning Source UK Ltd.
Milton Keynes UK
UKHW010759060223
416537UK00008B/1837